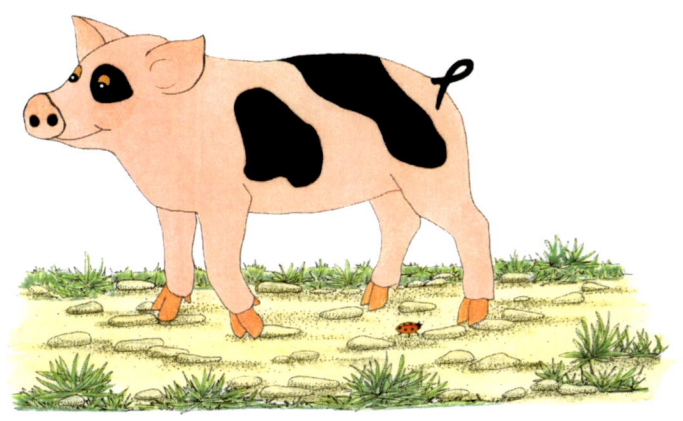

I am Milly.

I am a little pig.

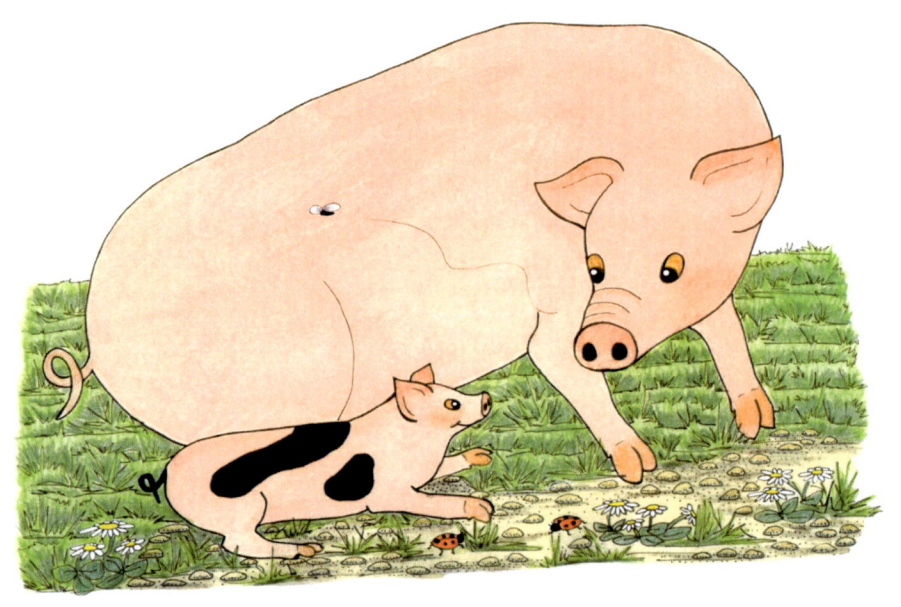

I am mum.

I am a pink pig.

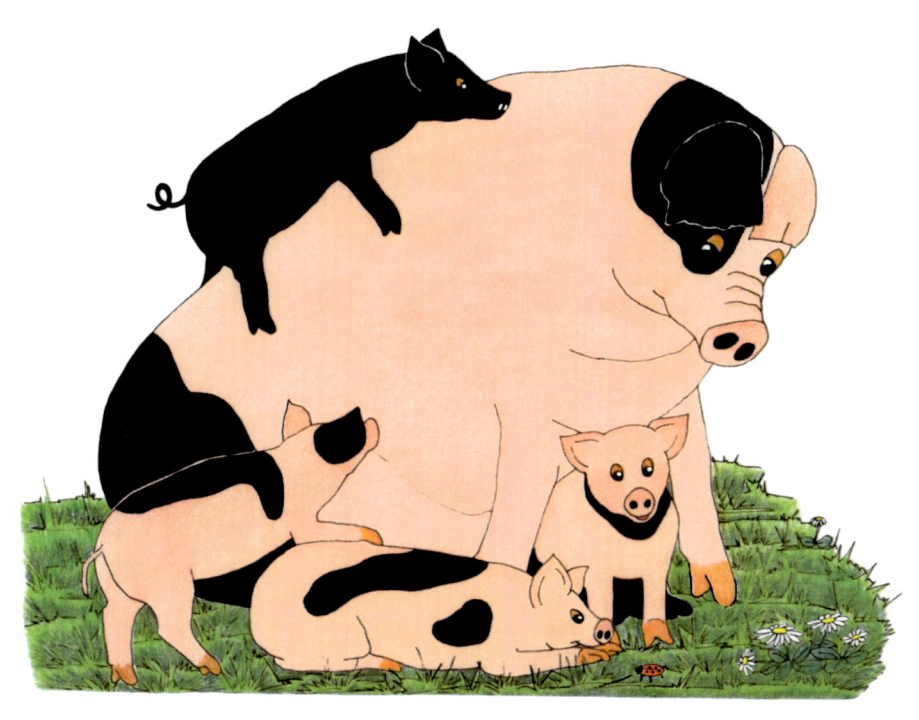

I am dad.

I am a big pig.

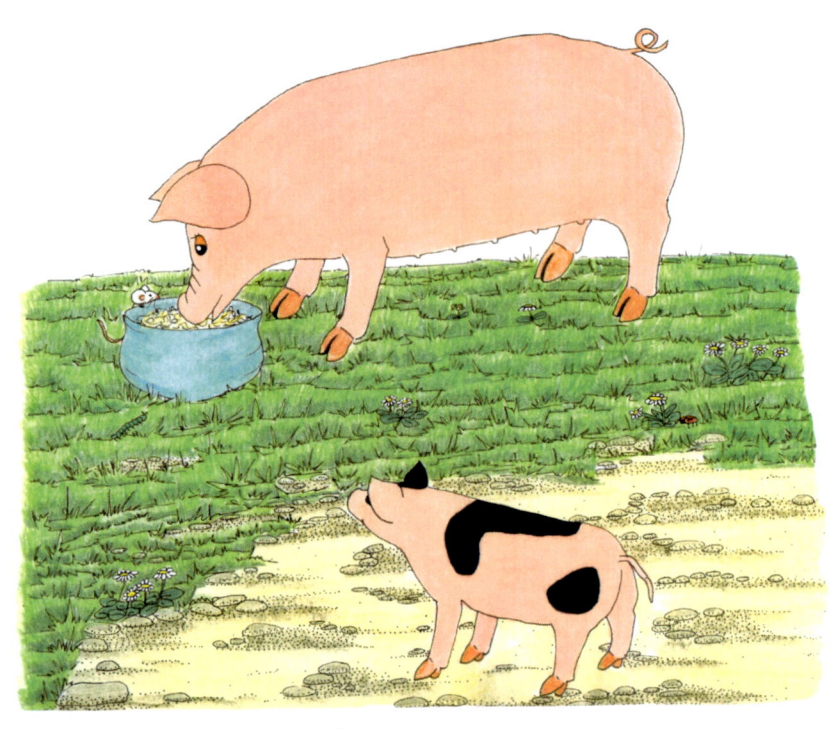

I am Tilly.

I am with mum.

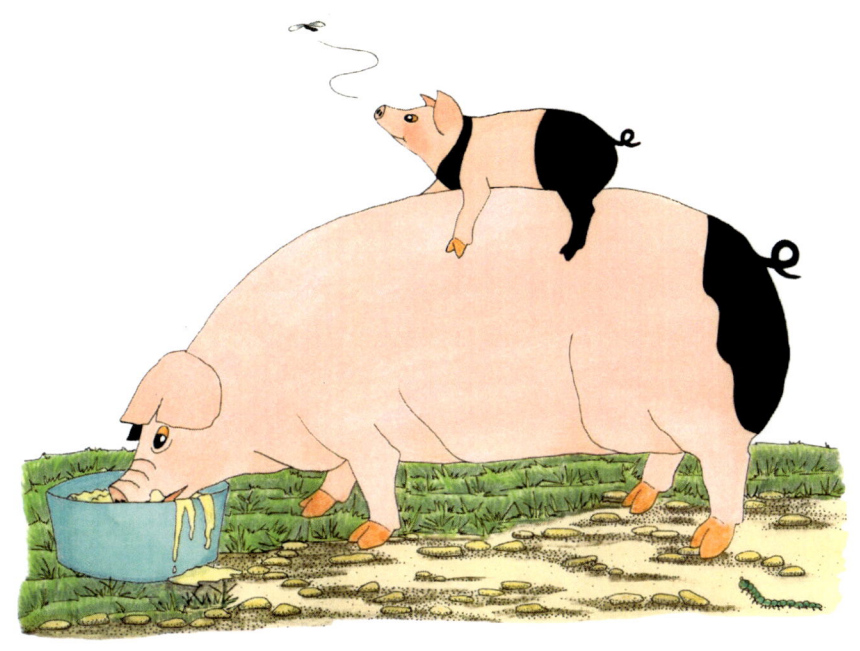

I am Billy.

I am with dad.

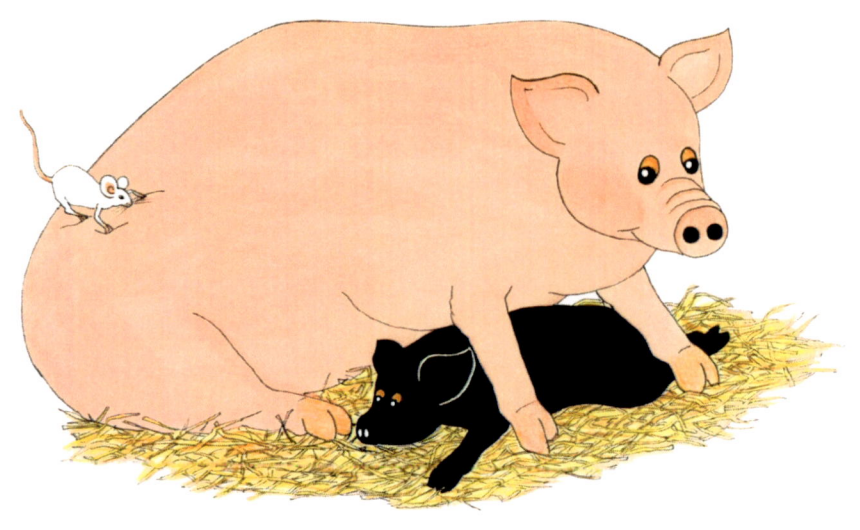

I am Tom.

I am with mum.

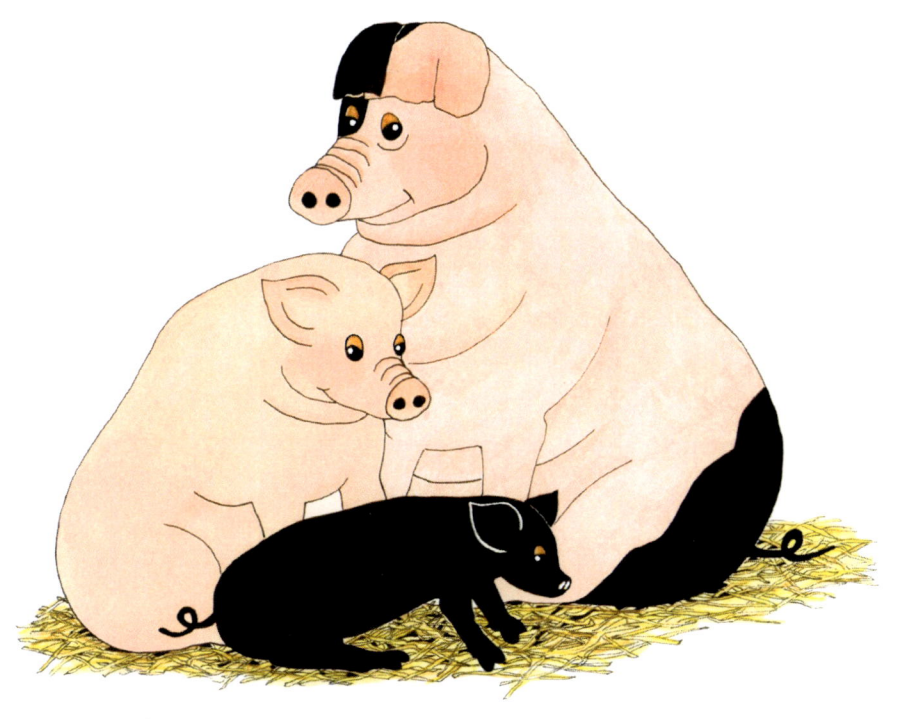

I am with mum and dad.

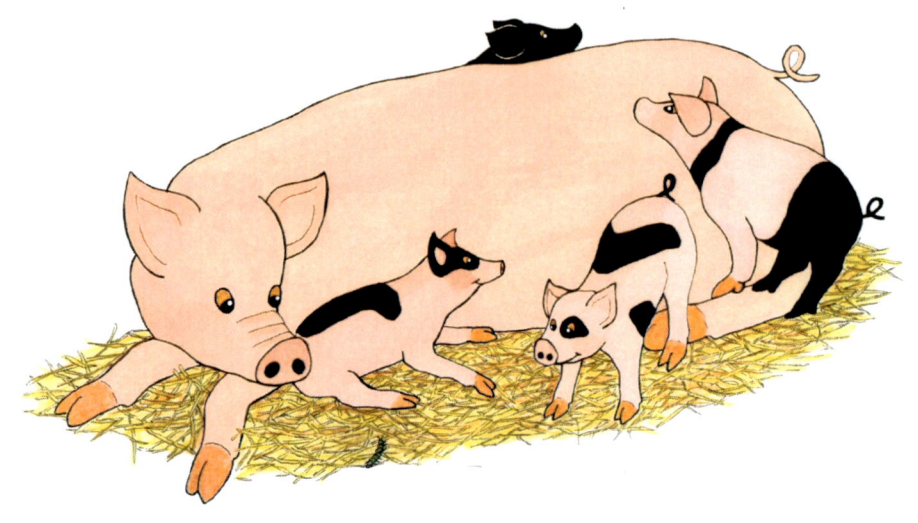

Milly, Tilly, Billy and Tom with mum.